Niwronau ac Epilepsi

Marielle Bayliss

Lluniau gan Kellyanne Thorne

GRAFFEG

Helô, fi yw Endaf y niwron!

Dwi wrth fy modd yn cario negeseuon ar wib, fel pob niwron arall.

Beth yw
niwron?

Beth yw niwron?

Wel, dwi am esbonio i ti.

Mae niwronau'n bwysig ar gyfer popeth mae dy gorff yn ei wneud.

Pryd bynnag rwyt ti angen mynd ...
Fe wnawn ni'n siŵr dy fod yn cyrraedd!

Eisiau wiglo dy aeliau?
Fe wnawn ni hynny!

Ael
dde i
FYNY

Eisiau jyglo bananas?
Fe wnawn ni dy helpu i daflu a dal! Hyd yn oed os yw'n cymryd tipyn o ymarfer!

Sut y'n ni'n gwneud hyn i gyd?
Wel, mae rhai pethau'n ein helpu.

Er mwyn dysgu mwy, beth
am i ni edrych yn fwy manwl
ar yr ymennydd? Www ...
meddwl meddal!

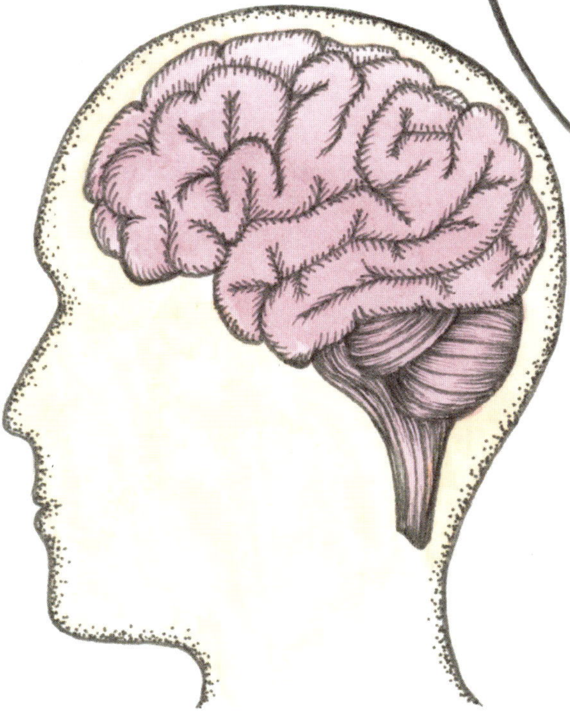

a
b
c
1
2
3

Yr ymennydd

Mae dy ymennydd fel siwper-cyfrifiadur, yn rheoli popeth rwyt ti'n ei wneud ...

Sut wyt ti'n symud, sut wyt ti'n teimlo, a rhai pethau dwyt ti ddim hyd yn oed yn gorfod meddwl amdanyn nhw, fel smicio neu anadlu.

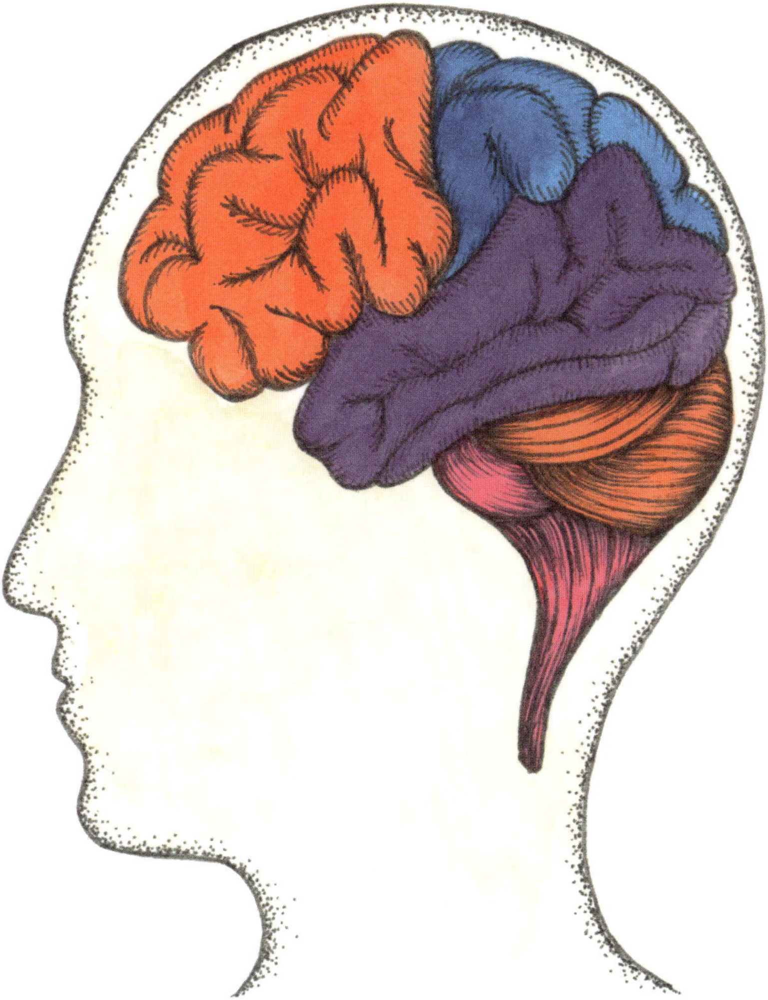

MYND

Mae niwronau'n cario negeseuon o dy ymennydd i le bynnag mae eu hangen nhw, ac yn ôl eto. Dyma sut mae dy gorff yn gwybod beth i'w wneud. Wrth fynd ar wib, ry'n ni'n gwneud y dasg yn syth!

Pan wyt o ddifrif ...
neu'n wirion.

STOP

Ffitiau

Ond weithiau mae'r ymennydd yn anfon gormod o negeseuon i ni eu cario ar un tro, a gall pethau fynd o chwith ...

Pan mae hyn yn digwydd, gall y person sydd ag epilepsi gael ffit. Gall y corff wneud sawl peth gwahanol.

Gall person:

- Grynu a syrthio i'r llawr.
- Edrych yn syfrdan.
- Tynnu ar ei ddillad.
- Symud ei geg heb siarad.
- Dweud pethau rhyfedd.

- Crwydro fel petai ar goll.
- Mynd yn stiff.
- Symud ei freichiau a'i goesau'n sydyn.
- Smicio'n gyflym.
- Syrthio'n sydyn.

Mae pob mathau o ffitiau
i'w cael.
Os oes gan berson epilepsi, gall
y ffitiau ddod yn eithaf aml.

17
Llun
30
Iau
5
Gwener
10
Mawrth
4
Sadwrn
21
Sul

Bydd ffit yn dod i stop ar ei ben ei hun, fel arfer ar ôl ychydig funudau. Yn ystod ffit, ry'n ni'r niwronau wedi ein drysu. Allwn ni ddim helpu y pryd hwnnw, ond mi fedri di!

Os wyt ti'n meddwl bod rhywun yn cael ffit, paid â phoeni. Aros gyda'r person a dod o hyd i oedolyn er mwyn helpu.

HELP

ACHOSION
MEDDYGINIAETH
DIFFYG CWSG
GOLAU'N FFLACHIO
SŴN
TRISTWCH

Achosion

Ystyr 'achos' (*trigger*) yw beth sy'n achosi i berson ag epilepsi gael ffit.

Dyma rai:

- Diffyg cwsg.
- Gormod o gyffro neu dristwch.
- Straen.
- Peidio cymryd meddyginiaeth.
- Salwch.
- Golau'n fflachio.

CH CH CH CH CH CH

Gwella

Ar ôl ffit, efallai na fydd y person yn cofio beth ddigwyddodd. Efallai y byddan nhw angen gorffwys neu gysgu.

Gall gwella gymryd munudau, neu weddill y diwrnod.

Bod yn ti dy hun!

Os oes gennyt ti epilepsi, efallai bydd angen i ti arafu os wyt ti wedi blino, ond dyw hyn ddim yn dy rwystro rhag cael hwyl, gwneud beth sydd angen i ti ei wneud, neu fod yn ti dy hun!

Byddwn ni'r niwronau yma – yn dy helpu i gwyno am jôcs sâl Dad, chwarae gemau, gorffen prawf sillafu neu dacluso dy lofft (neu tamaid bach ohoni).

Neu wiglo dy aeliau. Gall hyn fod yn ddefnyddiol ryw ddiwrnod!

Niwronau ac Epilepsi

Cyhoeddwyd yn wreiddiol dan y teitl *Neurons and Epilepsy* yn 2025 gan Graffeg Cyf.

ISBN 9781805950929

Graffeg Cyf., 15 Cwrt Neptune, Ffordd Vanguard, Caerdydd CF24 5PJ, Cymru, DU. Ffôn 01554 824000. croeso@graffeg.com www.graffeg.com

Argraffwyd gan FINIDR, s.r.o., Czechia.

Mae cofnod catalog CIP ar gyfer y llyfr hwn ar gael o'r Llyfrgell Brydeinig.

Cynrychiolydd UE penodedig: Easy Access System Europe Oü, 16879218, Mustamäe tee 50, 10621, Tallinn, Estonia. gpsr.requests@easproject.com

Dymuna'r cyhoeddwr gydnabod cymorth ariannol Cyngor Llyfrau Cymru, www.gwales.com.

Teitlau'r gyfres:

Niwronau ac Epilepsi
ISBN 9781805950929

Niwronau ac Awtistiaeth
ISBN 9781805950936

Niwronau a Dyspracsia (ACD)
ISBN 9781805950943

Niwronau a Dyslecsia
ISBN 9781805950950

Niwronau a Syndrom Tourette
ISBN 9781805950967

Niwronau ac ADHD
ISBN 9781805950974

Am fwy o wybodaeth sganiwch y cod QR:

Ariennir gan
Lywodraeth Cymru
Funded by
Welsh Government

CYMYSG
Papur o ffynhonnell gynaliadwy
FSC www.fsc.org
FSC® C014138